Bibliografische Information der Deutschen Nationalbibliothek:

Die Deutsche Nationalbibliothek verzeichnet diese Publikation
in der Deutschen Nationalbibliografie.
Detaillierte bibliografische Daten sind im Internet
über http://dnb.d-nb.de abrufbar.

1 2 3 C B A

Ravensburger Leserabe
Diese Ausgabe enthält die Bände
„Nina Ballerina" von Julia Breitenöder
mit Illustrationen von Betina Gotzen-Beek und
„Ballettgeschichten" von Maja von Vogel
mit Illustrationen von Eva Czerwenka
© 2008, 2015 Ravensburger Buchverlag Otto Maier GmbH

© 2017 Ravensburger Buchverlag Otto Maier GmbH
Postfach 18 60, 88188 Ravensburg
für die vorliegende Ausgabe

Umschlagbild: Betina Gotzen-Beek
Konzeption Leserätsel: Dr. Birgitta Redding-Korn
Gestaltung und Satz: bieberbooks
Design Leserätsel: Sabine Reddig

Printed in Germany
ISBN 978-3-473-36512-8

www.ravensburger.de
www.leserabe.de

Julia Breitenöder und Maja von Vogel

Ballettabenteuer für Erstleser

Mit Bildern von Betina Gotzen-Beek
und Eva Czerwenka

Ravensburger Buchverlag

Inhalt

Nina Ballerina   9

Ballettgeschichten   51

Julia Breitenöder

Nina Ballerina

Mit Bildern von Betina Gotzen-Beek

Inhalt

Was nun? 12

Die große Frage 20

Aller Anfang ist schwer 26

Tanzende Ritter 38

Was nun?

Nina und ihre Freundinnen
ziehen sich um.
„Wo sind die anderen?", fragt Mia.

„Die Gruppe ist in den Ferien leider geschrumpft",
sagt Anna, die Tanzlehrerin.

„Oh nein! Was wird dann aus unserer Aufführung?",
fragt Nina.

„Wir müssen dringend
neue Tänzerinnen finden", sagt Anna.
„Ich frage in der Schule",
schlägt Eva vor.

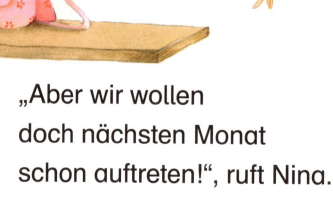

„Aber wir wollen
doch nächsten Monat
schon auftreten!", ruft Nina.

Anna nickt. „Deshalb üben
wir sofort. Wer tanzt
denn jetzt die Prinzen?"

Die Mädchen sehen sich an.
„Ich nicht!", schreit Nina.
„Ich bleibe Prinzessin!"
Auch Eva schüttelt den Kopf.

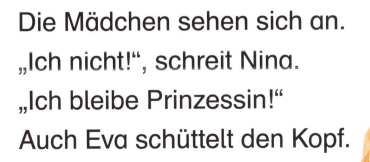

„Ohne Prinzen
geht es nicht", sagt Anna.
„Dann mach ich das."
Kim stellt sich auf.
„Wenn es sein muss", murrt Mia.

„Vielleicht findet ihr ja Jungen,
die tanzen möchten", meint Anna.
„Tanzende Jungen?" Mia wundert sich.
„So was gibt es nicht",
behauptet Kim.

„Dann bleibt ihr
die Prinzen", sagt Anna.
„Manno!", motzt Mia.

Die Mädchen üben an der Stange.
„Wir fragen meinen Bruder
und seine Freunde",
flüstert Nina Kim zu.

„Max? Das macht der nie!"
Kim kichert.
„Abwarten!" Nina lächelt
geheimnisvoll.

Die große Frage

Max und seine Freunde
spielen Ritter.
Bens Fahrrad ist ein Pferd.
Besen und Schrubber sind Lanzen.
Till hebt den Besen. „Halt!
Weiber dürfen nicht in die Burg!"

„Wir brauchen eure Hilfe", sagt Kim.
Nina holt tief Luft:
„Tanzt ihr mit uns?"

„Tanzen?", fragt Max.
„Warum? Jetzt? Hier?"
„Beim Ballett", erklärt Nina.
„Uns fehlen Tänzer
für den Auftritt."

Max starrt sie an. „Ballett? Wir?"
Ben radelt vor Schreck
gegen die Mülltonne.
Tom und Till lachen laut:
„Guter Witz!"

„Meine Mama meint, tanzende Männer sind toll", sagt Kim.
„Unsere auch!", ruft Nina.
„Aber Papa tritt ihr immer auf die Füße."

„Ich heirate nie", murmelt Ben.
„Dann muss ich nicht tanzen."
Max und Till nicken.

„Ihr bekommt auch
was dafür", sagt Nina.
„Was denn?", fragt Tom.

„Bei meinen Eltern in der Eisdiele
kriegt ihr Eis, so viel ihr wollt",
ruft Kim. „Umsonst!"

„Und beim Auftritt
tragt ihr tolle Kostüme.
Da kommt ein Mann von der Zeitung.
Ihr werdet berühmt!", sagt Nina.

Die Jungen sehen sich an.
„Wir überlegen es uns", sagt Max.

Aller Anfang ist schwer

„Schön, dass ihr da seid!"
Anna begrüßt die Jungen.
Die sehen nicht glücklich aus.

„Habt ihr schon mal getanzt?",
fragt Anna.
Die vier schütteln die Köpfe.
„Dann zeigen die Mädchen euch
die fünf Positionen", sagt Anna.
„Erste Position!"

Nina dreht die Fußspitzen
nach außen. Max staunt.
„Das kann ich nicht!"

Anna lacht. „Wieso?
Das sieht doch gut aus.
Jetzt noch die Beine gerade!"
Max drückt die Knie durch.
„Ist das anstrengend."

„Denk an das Eis!", flüstert Nina.
Zweite Position. Dritte.
Vierte. Fünfte.
„Hilfe!" Ben kippt um.
„Meine Füße sind verknotet."

„Wir üben jetzt den Tanz.
Prinzessinnen nach links,
Prinzen nach rechts,
bitte!", ruft Anna.

„Prinzen?", fragt Max.
„Wir sind doch
keine Prinzen!", mault Ben.
„Wir wollen Ritter sein!", ruft Till.

Tom verschränkt die Arme.
„Rittertanz oder kein Tanz."
Anna seufzt. „Dann eben Ritter.
Hauptsache, wir fangen endlich an!"

Max stolpert. Till läuft
in die falsche Richtung.
Ben stößt mit Mia zusammen.
Tom kichert die ganze Zeit.

Den Mädchen geht es nicht besser.
Nina verpatzt die Drehung.
Mia fällt hin.
Kim bekommt einen Lachkrampf.
Eva vergisst, was sie tanzen muss.

Am Ende der Stunde rauft Anna
sich die Haare. „Das war furchtbar!"
Alle lassen die Köpfe hängen.

„Wir können es schaffen",
sagt Anna.
„Ihr müsst nur viel üben!"

Am nächsten Tag
guckt Nina aus dem Fenster.
Die Jungen sind im Garten.
Aber sie spielen nicht Ritter.

Max steht auf einem Bein.
Er wackelt hin und her.
Ben hilft Tom
bei der vierten Position.

Nina grinst. Vielleicht klappt
ja doch noch alles?

Tanzende Ritter

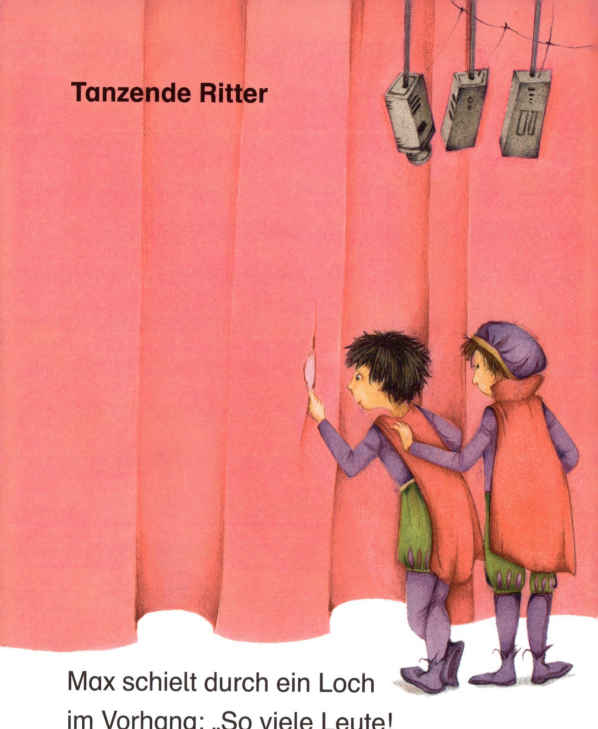

Max schielt durch ein Loch
im Vorhang: „So viele Leute!
Unsere Eltern sitzen ganz vorne."

Ben wird blass. Er versteckt sich unter seinem Umhang.
„So erkennt mich keiner!"

„Das ist Quatsch!"
Mia zieht am Umhang.
„Du tanzt echt gut!"

Anna flüstert: „Seid ihr bereit?
Viel Erfolg!"

In Ninas Bauch kribbeln
tausend Ameisen.
Sie nimmt Bens Hand.
Die ist kalt und feucht.

Die Musik beginnt.
Nina denkt nur noch ans Tanzen.

Die erste Drehung klappt.
Max stolpert nicht. Till tanzt
in die richtige Richtung.

Am Ende kommt das Schwierigste.
Die Prinzessinnen springen hoch,
die Ritter fangen sie auf.

Bei der letzten Probe
hat Max Mia fallen lassen.
Diesmal klappt es. Puh!

Aber was ist jetzt los?
Ben hebt Nina hoch.
Alle Ritter wirbeln
ihre Prinzessinnen
durch die Luft. Die Röcke fliegen.
Es sieht wunderschön aus!

Die Zuschauer klatschen.
Ben setzt Nina ab. Er grinst.
„Das haben wir heimlich geübt."
Nina lacht. „Super!"

Die Tänzer verbeugen sich.
Einmal, zweimal, dreimal.

„Bravo!", jubelt Anna.
Das Publikum ruft:
„Zugabe, Zugabe!"

Nach dem Auftritt
sitzen alle in der Eisdiele.
„Das war toll!" Max strahlt.
„Ihr wart toll!", ruft Nina.

„Vielleicht kommen wir
jetzt öfter zum Tanzen", sagt Ben.

„Das nächste Mal sind wir
tanzende Vampire!", ruft Tom.
„Oder Roboter!" Die Jungen grinsen.

Anna scherzt. „Euch werde ich wohl
so schnell nicht mehr los."
„Tanzende Jungen
gibt es also doch",
murmelt Kim und alle lachen.

Maja von Vogel

Ballettgeschichten

Mit Bildern von Eva Czerwenka

Inhalt

Paula will tanzen — 54

Paulas erste Ballettstunde — 63

Paulas großer Auftritt — 74

Paula will tanzen

Paula liebt Ballett über alles.
Sie hat eine Menge Ballettbücher
und übt jeden Abend
vor dem Spiegel in ihrem Zimmer
tanzen.

Paula hätte so gern Ballettunterricht,
aber ihren Eltern ist das zu teuer.
Außerdem geht Paula schon
zur Kindergymnastik.

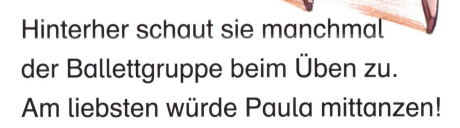

Hinterher schaut sie manchmal
der Ballettgruppe beim Üben zu.
Am liebsten würde Paula mittanzen!

Heute ist die Gymnastikstunde
früher als sonst zu Ende.
Auf dem Weg nach draußen
kommt Paula am Ballettsaal vorbei.

Vorsichtig lugt sie durch die Tür.
Der Saal ist noch leer.

Auf leisen Sohlen schleicht Paula
hinein und sieht sich um.
Der Ballettsaal ist riesig
und die Wände sind voller Spiegel.

Paula stellt sich an die Stange
und macht ein paar Übungen,
die sie aus ihren Büchern kennt.
Dabei betrachtet sie sich im Spiegel.
Sieht gar nicht so schlecht aus.

Paula schließt die Augen
und fängt an zu träumen:
Sie ist eine berühmte Tänzerin
und steht in einem tollen Kostüm
auf der Bühne.

Musik erklingt
und Paula fängt an zu tanzen.
Sie wirbelt quer durch den Saal,
springt hoch in die Luft
und dreht sich wie ein Kreisel.
Das macht Spaß!

Plötzlich hört Paula ein Geräusch.
Sie bleibt wie angewurzelt stehen
und öffnet die Augen.
Eine Frau steht in der Tür
und klatscht. Die Ballettlehrerin!

Paula kriegt einen Mordsschreck.
Ihr Herz klopft wie verrückt.
Ob sie jetzt Ärger bekommt?

Aber die Lehrerin lächelt.
„Ich bin Frau Keller", sagt sie.
„Dein Tanz hat mir gefallen,
doch du musst noch viel lernen.
Willst du in meiner Ballettgruppe
mitmachen?"

Paula wird rot vor Freude.
„Gern! Aber ich weiß nicht,
ob meine Eltern einverstanden sind."

„Ich kann ja mal mit ihnen reden",
sagt Frau Keller.
„Und dann sehen wir weiter, okay?"

Paula nickt. Sie ist überglücklich.
Vielleicht wird sie ja eines Tages
doch noch eine berühmte Tänzerin,
genauso wie in ihrem Traum.

Paulas erste Ballettstunde

Paula ist aufgeregt.
Heute ist ihre erste Ballettstunde.
Was, wenn die anderen Kinder
viel besser tanzen können als sie?

Sie zieht sich schnell um
und betritt den Ballettsaal.
Ein paar Mädchen sind schon da.
Sie haben Bodys und Strumpfhosen an.

Ein Mädchen trägt sogar ein Tutu!
Das ist ein kurzes Kleid aus Tüll,
so wie es echte Tänzerinnen tragen.
Paula hätte auch gern ein Tutu.

Plötzlich kommt sie sich
in ihren langweiligen Sportsachen
richtig blöd vor.
Am liebsten würde sie sich
einfach in Luft auflösen.

Doch da erscheint Frau Keller
und der Unterricht beginnt.
„An die Stange, Mädchen!", ruft sie.
„Erst wärmen wir uns auf,
dann üben wir die Grundpositionen."

Paulas Knie zittern ein bisschen,
aber sie macht trotzdem eifrig mit.
Die fünf Grundpositionen kennt sie
aus ihren Ballettbüchern.

In der ersten Position
sind die Beine geschlossen
und die Fersen auswärts gedreht.
Das ist gar nicht so einfach.

Paula strengt sich an
und die Zeit vergeht wie im Flug.
Paula vergisst ganz,
dass sie kein Tutu trägt,
sondern nur normale Sportsachen.

„Schluss für heute!", ruft Frau Keller.
Sie nickt Paula zu. „Gut gemacht!"
Wie auf Wolken schwebt Paula
in den Umkleideraum.

Das Mädchen im Tutu lächelt ihr zu.
„Hallo, ich heiße Marie."
„Und ich bin Paula", sagt Paula.
„Dein Tutu ist echt toll."

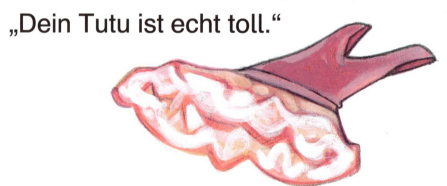

Marie zuckt mit den Schultern.
„Dafür tanzt du besser als ich."
Paula macht große Augen.
„Findest du?", fragt sie erstaunt.

Marie nickt. „Du bist richtig gut.
Vor allem bei den Grundpositionen.
Hattest du schon mal Unterricht?"
Paula schüttelt den Kopf.
„Aber ich übe jeden Tag zu Hause."

„Wahnsinn!" Marie ist beeindruckt.
„Sollen wir morgen zusammen üben?",
fragt Paula zaghaft.

Marie nickt eifrig. „Super-Idee!
Du zeigst mir die Grundpositionen
und ich leihe dir dafür mein Tutu."
„Klasse! Dann bis morgen."

Paula winkt Marie zu
und tanzt aus dem Umkleideraum.
Marie ist echt nett.
Vielleicht hat Paula ja heute
eine Freundin gefunden …

Paulas großer Auftritt

Endlich ist es so weit!
Frau Keller und ihre Schülerinnen
führen ein richtiges Ballett auf.
Das Ballett heißt „Dornröschen"
und Paula tanzt die Hauptrolle!

Im Umkleideraum ist der Teufel los.
Alle sind furchtbar aufgeregt.
Ganz besonders Paula.
„Hoffentlich stolpere ich nicht
auf der Bühne", jammert sie.

„Ach was", beruhigt sie Marie.
„Wird schon alles gut gehen."
Marie hilft Paula mit ihrem Kostüm,
einem wunderschönen Ballkleid
aus rosa Tüll.

In dem Kostüm fühlt sich Paula fast
wie eine echte Prinzessin.

„Beeilung!", ruft Frau Keller.
„Gleich geht es los."

Mit zitternden Knien trippelt Paula
auf die Bühne.
Ihre Hände sind eiskalt.
Der Vorhang geht auf. Paula blinzelt.
Die Scheinwerfer blenden sie.

Im Publikum sitzen so viele Leute!
Vor Schreck ist Paula wie gelähmt.
Sie weiß keinen einzigen Schritt mehr!

Da ertönt die Anfangsmusik.
Paula schließt die Augen
und tanzt einfach drauflos.

Plötzlich fällt ihr alles wieder ein und sie stolpert kein einziges Mal.

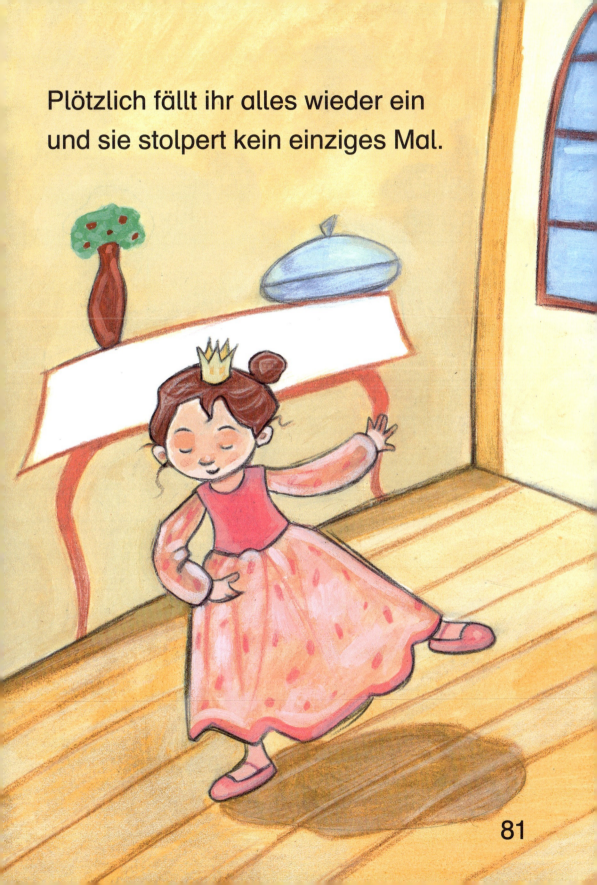

Dann kommt die wichtigste Stelle:
Dornröschen wird verzaubert
und fällt in einen tiefen Schlaf.
Paula liegt reglos auf der Bühne.

Da juckt es sie plötzlich
am Rücken.
Ihr Kostüm kratzt wie verrückt!
Aber Paula darf sich nicht bewegen.

Sie leidet Höllenqualen.
Schweißperlen rollen ihr über die Stirn.
Dann hält sie es nicht mehr aus.

Vorsichtig hebt sie den Arm,
um sich am Rücken zu kratzen.
Ein paar Leute fangen an zu kichern.

Da tanzt Marie als Prinz herbei.
Sie merkt, dass etwas nicht stimmt,
und beugt sich über Paula.
„Was ist los?", wispert sie.

„Das Kostüm juckt", flüstert Paula.
„Küss mich schnell wach."
Marie handelt sofort.
„Wach auf, Dornröschen!", ruft sie
und gibt Paula einen Kuss.

Erleichtert springt Paula auf.
Das Stück ist zu Ende
und das Publikum klatscht
begeistert.
Paula und Marie verbeugen sich.

Dann flitzt Paula in den Umkleideraum
und reißt sich das Kostüm vom Leib.
Jetzt ist sie doch ganz froh,
keine echte Prinzessin zu sein!

Leserabe Leserätsel

Rätsel 1

Nina Ballerina

Welches Wort stimmt? Kreuze an!

Nina und ihre Freundinnen suchen
- ○ Piraten
- ⊗ Prinzen
- ○ Pagen

Ben radelt vor Schreck gegen die
- ○ Mole
- ○ Mauer
- ⊗ Mülltonne

Max und die anderen Jungen tanzen
- ⊗ Ritter
- ○ Raumfahrer
- ○ Roboter

Rätsel 2

Nina Ballerina

Findest du die richtige Seite? Trage die Zahl ein!

Auf Seite ___ steht ein Mal **Burg**.

Auf Seite ___ steht ein Mal **Kostüme**.

Auf Seite ___ steht ein Mal **Zuschauer**.

Ballettgeschichten

Rätsel 3

Welche Buchstaben fehlen im Raster?
Fülle die Kästchen aus!
Schreibe Großbuchstaben:
Tanz → TANZ

Lösungen:
Rätsel 1: Prinzen, Müll-tonne, Ritter
Rätsel 2: 20, 25, 44
Rätsel 3: Ballettsaal, Kreisel, Paula, Tutu, Tänzerin

Rätsel 4

Ballettgeschichten

Fülle die Lücken aus. Trage die Buchstaben in die richtigen Kästchen ein. So findest du das Lösungswort für die Rabenpost heraus!

Die Ballettlehrerin heißt Frau

☐ ☐ L L ☐ ☐ . (Seite 60)
 1

Ein Tutu ist ein kurzes Kleid aus

☐ Ü ☐ ☐ . (Seite 65)
 4

Das Ballett heißt

(Seite 74)

Im ☐ U ☐ ☐ ☐ ☐ ☐
        2

sitzen viele Leute. (Seite 79)

Lösungswort:

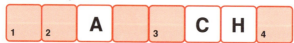

Rabenpost

Herzlichen Glückwunsch!

Du hast das ganze Buch geschafft und die Rätsel gelöst, super!!!

Jetzt ist es Zeit für die Rabenpost.
Wenn du das Lösungswort herausgefunden hast, kannst du tolle Preise gewinnen!

Gib es auf der  Website ein

▶ www.leserabe.de,

mail es uns ▶ leserabe@ravensburger.de

oder schick es mit der Post.

Lesen lernen mit Spaß!
Das Lesestufenmodell

Darauf fliegen Ihre Kinder!

Im Alter zwischen 5 und 9 Jahren passiert in der Entwicklung eines Kindes hinsichtlich ihrer Vorlieben, Sehgewohnheiten und Bedürfnissen eine Menge! Auch der Leselern-Prozess ist sehr differenziert. Deshalb orientiert sich jede Lesestufe an den individuellen Bedürfnissen ihrer Leser.

1. Lesestufe
ab 1. Klasse

- Einfache Texte
- Extragroße Fibelschrift
- Leserätsel für Leseanfänger

Bestätigen
Lesemotivation durch Belohnungssticker

Hanna, 6 Jahre alt:
Hanna freut sich riesig auf's Lesenlernen. Endlich darf sie auch in die Schule gehen.

2. Lesestufe
ab 2. Klasse

- Geschichten mit kurzen Kapiteln
- Große Fibelschrift
- Leserätsel für Fortgeschrittene

Begleiten
Leseverständnis durch Textfragen

Max, 7 Jahre alt:
Max kann schon gut lesen. Er freut sich auf die ersten spannenden Abenteuergeschichten.

3. Lesestufe
ab 3. Klasse

- Geschichten mit längeren Kapiteln
- Fibelschrift
- Leserätsel für Leseprofis, Glossar

Bestärken
Lesekompetenz durch erweiterten Wortschatz

Lukas, 8 Jahre alt:
Wenn die Geschichten cool sind, macht selbst Lukas Lesen Spaß!

1. Lesestufe

Auf geht's ins Lese-Abenteuer!

Bestätigen

Die 1. Lesestufe spricht Kinder an, die mit dem Leselern-Prozess begonnen haben. Um für Ihr Kind ein positives Lese-Erlebnis zu schaffen, wird es hierbei besonders **bestätigt** und seine Leseleistung **belohnt**: Nach jedem gelesenen Kapitel darf es einen Leserabe-Sticker ins Buch kleben und kann dadurch seinen geschafften „Leseweg" verfolgen.

1. Lesestufe
ab 1. Klasse

- Einfache und kurze Textabschnitte
- Extragroße Fibelschrift
- Leserätsel für Leseanfänger
- ✓ **Bestätigen: Lesemotivation durch Belohnungssticker**

Bestätigen: Lesemotivation durch Belohnungssticker

2. Lesestufe

Heb ab in die Geschichten-Welt!

Begleiten

In der 2. Lesestufe werden besonders die Leseflüssigkeit und das Textverständnis Ihres Kindes trainiert. Durch interaktive Textfragen wird Ihr Kind durch die Geschichte **begleitet** und setzt sich intensiv mit dem Inhalt auseinander. Spannende und lustige Geschichten sorgen für Lesemotivation und Lesespaß.

2. Lesestufe
ab 2. Klasse

- Geschichten mit kurzen Kapiteln
- Große Fibelschrift
- Leserätsel für Fortgeschrittene
- ✓ **Begleiten: Leseverständnis durch Textfragen**

Und da juckte auch was.
Fühlte sich an wie ein Pickel.
Nein, zwei Pickel.
Komisch. Es blutete auch.
Und plötzlich wusste ich ganz
genau, was da auf meinem Bett
gesessen hatte.
Plötzlich dämmerte mir
die schreckliche Wahrheit:
Ein Vampir hatte mich gebissen!

Frage Ein Vampir! Glaubst du das?
Was könnte es noch gewesen sein?

Guter Rat

Ich sprang aus dem Bett
und rannte ins Bad.
Dort betrachtete ich
meinen Hals im Spiegel:
Kein Zweifel!
Da waren zwei rote Pusteln
direkt nebeneinander.
Und Spuren von Blut…

Begleiten:
Leseverständnis durch Textfragen und Leserätsel

Leserabe Leserätsel

Rätsel 1 Viel zu viele Buchstaben!

Streiche die Buchstaben, die zu viel sind.

Knibobalauch
Vimampoir
Bliutwiurost

Rätsel 2 Wörter ohne Grenzen

Wie viele Wörter aus der Geschichte findest du?

VAMPIRGRUFTSARGUMHANGBLUT

HALSBLUTPUSTELNBADMÜCKENSTICH

Lösungen:
Rätsel 1: Übrig bleiben Knoblauch, Vampir, Blutwurst
Rätsel 2: Vampir, Gruft, Sarg, Umhang, Blut, Hals, Blut, Pusteln, Bad, Mückenstich

Wörter im Versteck **Rätsel 3**

Insgesamt sind sechs Wörter versteckt.
Kreise sie ein.

B	L	U	T	Z	A
E	C	P	H	Ä	G
T	G	M	I	H	R
T	O	A	J	N	U
F	K	M	D	E	F
B	N	A	C	H	T

Für Vampir-Experten **Rätsel 4**

Wer kennt sich aus mit Vampiren?

Vampire mögen die _____ und hassen das
_____. Sie lieben _____ ! Der Geruch
von _____ dagegen macht sie ganz krank.

Lösungen:
Rätsel 3: Blut, Zähne, Gruft, Nacht, Bett, Mama
Rätsel 4: Nacht, Tageslicht, Blut, Knoblauch

**3. Lesestufe**

So wirst du zum Überflieger!

Bestärken

In der 3. Lesestufe wird die Lesefähigkeit Ihres Kindes ausgebaut, um anstrengungsfrei längere und ungeübte Texte lesen zu können. Ihr Kind wird nun in seinem Können besonders **bestärkt**. Durch altersgerechte Themen wird der Lesespaß Ihres Kindes erhöht und über ein Glossar der Wortschatz spielerisch erweitert.

3. Lesestufe
ab 3. Klasse

- Geschichten mit längeren Kapiteln
- Fibelschrift
- Leserätsel für Leseprofis, Glossar
- ✓ **Bestärken: Lesekompetenz durch erweiterten Wortschatz**

Keine Angst vor schwierigen Wörtern, sie werden im Glossar erklärt

Bestärken:
Durch erweiterten Wortschatz Lesekompetenz stärken

Ravensburger Bücher

Leichter lesen lernen mit der Silbenmethode

ISBN 978-3-473-**38542**-3*
ISBN 978-3-619-**14353**-5**

ISBN 978-3-473-**38545**-4*
ISBN 978-3-619-**14352**-8**

ISBN 978-3-473-**38546**-1*
ISBN 978-3-619-**14450**-1**

ISBN 978-3-473-**38548**-5*
ISBN 978-3-619-**14451**-8**

ISBN 978-3-473-**38550**-8*
ISBN 978-3-619-**14452**-5**

ISBN 978-3-473-**38543**-0*
ISBN 978-3-619-**14354**-2**

ISBN 978-3-473-**38544**-7*
ISBN 978-3-619-**14355**-9**

ISBN 978-3-473-**38547**-8*
ISBN 978-3-619-**14456**-3**

ISBN 978-3-473-**38549**-2*
ISBN 978-3-619-**14457**-0**

ISBN 978-3-473-**38551**-5*
ISBN 978-3-619-**14458**-7**

* Broschierte Ausgabe bei Ravensburger
** Gebundene Ausgabe bei Mildenberger

www.ravensburger.de / www.mildenberger-verlag.de

Ravensburger Bücher

Leichter lesen lernen mit der Silbenmethode

ISBN 978-3-473-**38532**-4*
ISBN 978-3-619-**14340**-5**

ISBN 978-3-473-**38533**-1*
ISBN 978-3-619-**14346**-7**

ISBN 978-3-473-**38534**-8*
ISBN 978-3-619-**14341**-2**

ISBN 978-3-473-**38539**-3*
ISBN 978-3-619-**14348**-1**

ISBN 978-3-473-**38538**-6*
ISBN 978-3-619-**14342**-9**

ISBN 978-3-473-**38535**-5*
ISBN 978-3-619-**14343**-6**

ISBN 978-3-473-**38536**-2*
ISBN 978-3-619-**14344**-3**

ISBN 978-3-473-**38540**-9*
ISBN 978-3-619-**14347**-4**

ISBN 978-3-473-**38541**-6*
ISBN 978-3-619-**14349**-8**

ISBN 978-3-473-**38537**-9*
ISBN 978-3-619-**14345**-0**

* Broschierte Ausgabe bei Ravensburger
** Gebundene Ausgabe bei Mildenberger

www.ravensburger.de / www.mildenberger-verlag.de

Ravensburger Bücher

Lesen lernen mit Spaß!
In drei Stufen vom Lesestarter zum Überflieger

ISBN 978-3-473-**36449**-7

ISBN 978-3-473-**36437**-4

ISBN 978-3-473-**36462**-6

1. Lesestufe

ISBN 978-3-473-**36465**-7

ISBN 978-3-473-**36440**-4

ISBN 978-3-473-**36441**-1

2. Lesestufe

ISBN 978-3-473-**36456**-5

ISBN 978-3-473-**36442**-8

ISBN 978-3-473-**36455**-8

3. Lesestufe

www.leserabe.de